Positives Denken

Das Geheimnis zum Glücklichsein

1. Auflage

Haftungsausschluss

Inhalt

Kapitel 1

Die Macht unserer Gedanken

Wir Menschen haben eine sehr große Begabung. Wir haben das Talent, uns das Leben selbst schwer zu machen. Alleine durch unsere Gedanken! Kennst du das? Du denkst zurück, siehst all die negativen Dinge, welche du erlebt hast und fühlst dich sehr schlecht dabei. Vielleicht vergießt du Tränen, vielleicht bist du zornig oder es macht dich lethargisch? Was bringt dir das Ganze, außer erneutes, zusätzliches Leid? Kannst du die Uhr zurückdrehen? Wohl kaum! Das können wir alle nicht. Aber wir können, wenn wir es wirklich wollen, aus unserer Vergangenheit lernen und unsere Gegenwart und somit auch unsere Zukunft positiv gestalten. Manches hätten wir anders machen können, vieles aber auch nicht.

Kapitel 2

Was wir nicht anders machen konnten

Es gibt so viele Dinge, welche wir, wenn sie nochmals auf uns zukommen würden, dennoch nicht anders machen könnten. Zum Beispiel, weil der Zeitpunkt oder die Umstände gar nichts anderes zulassen würden. Dazu gehören auch die Emotionen und der Zustand „unserer selbst" zu dieser Zeit. Damit zu hadern, bringt uns rein gar nichts. Es ist wie es ist. Unumkehrbar! War es Schicksal? Was ist Schicksal überhaupt? Eine gewisse Art von Vorbestimmung? Ich weiß es nicht. Aber wir müssen das alles, egal warum es so war oder ist, so oder so hinnehmen.

*Wir müssen
lernen, die
Gelassenheit zu
erhalten um
Dinge
hinzunehmen,
die wir nicht
ändern können,
den Mut zu
haben, die Dinge
zu ändern, die
wir ändern
können und die
Weisheit zu
erlangen, das
eine vom
anderen zu
unterscheiden!*

Nun kommt es darauf an, wie wir damit weiterhin umgehen. Wenn wir einen geliebten Menschen verlieren, so ist es leichter gesagt als wirklich nach dem Spruch

leben zu können. Das glaube ich persönlich auch nicht. Aber ich glaube daran, dass die Zeit uns *lehrt*, mit diesen Wunden zu leben. Und ich spreche hier bewusst von leben und nicht von dahin-vegetieren. Trauer muss sein. Aber wir müssen sie nicht unser ganzes Leben lang mit uns in der Form mitschleppen, dass sie unser Dasein, uns selbst zerstört.

Wir haben die *Macht*, sie einen Teil unseres Lebens sein zu lassen. Doch welchen Stellenwert wir ihr geben – das liegt alleine an uns. Wenn du zuerst gegangen wärst, würdest du dann wollen, dass der andere sein gesamtes restliches Leben nur noch trauert? Wohl kaum! Aber ein Trauerfall, im Besonderen wenn es ein Kind oder den Partner betrifft, ist wohl mit das Schlimmste, was uns passieren kann. Und absolut nachvollziehbar, dass es gerade dann unglaublich schwer ist, sein Leben wieder lebens-wert zu gestalten, gestalten zu können. Und dennoch haben auch dies sogar viele Eltern geschafft – mit Hilfe des positiven Denkens zum Beispiel.

Es gibt auch weitaus weniger schlimme Geschehnisse in unserem Leben, welche jedoch so manch einen von uns schon komplett lahmlegten. Wir haben Materielles verloren oder sind krank, wir haben unseren Job verloren oder unsere Partnerschaft ist zerrüttet. Es gibt noch so vieles mehr, was uns zutiefst erschüttern kann. Aber – nun sind wir selbst an der Reihe. Wir können manchen Schmerz nicht einfach beiseiteschieben. Aber - wir können unsere Schultern straffen und denken:

Es gibt tatsächlich Schlimmeres! Unsere Kinder könnten krank sein oder müssten hungern, dürsten oder frieren.
Und wir können nun über all diese negativen Dinge nachdenken. Was bringt es uns aber? NICHTS!!! Es würde uns nur tiefer und tiefer ziehen und das nächste Problem mit sich bringen. Wir können uns aber auch sagen, *das Ganze war einmal*. Ich habe nun die Chance alles anders machen zu können. Und wir können erkennen, dass manches, was geschehen ist, im Nachhinein gesehen, doch gut für uns war. Sicher haben wir alle schon einmal erlebt, über etwas sehr unglücklich oder beunruhigt gewesen zu sein, was sich später jedoch als Glück herausstellte. Wenn ich nun

ständig über WENN, HÄTTE, ABER und vor allem über das WARUM nachdenke, bringt mich das überhaupt nicht weiter. Ich werde nur in meiner Grübelei feststecken und es wird immer schlimmer werden. Ich kann mir nun aber auch sagen, *es ist wie es ist und ich mache nun das Beste daraus. BITTE* versuche es einmal. Setze dich aufrecht hin und sprich genau diese Worte vor dir her.

„Es ist alles gut. Ich gebe dem Leben durch mein Denken die richtige Richtung. So, dass ich glücklich bin"

Fühlst du dich nicht gleich besser? Sage dir, dass du an dem Vergangenen nichts mehr ändern kannst, aber das Leben sicherlich noch viel Schönes zu bieten hat. Wenn du es zulässt!

Hole tief Luft und fange an, genau andersherum zu denken, nämlich an die schönen Dinge. Die gibt es nicht in deinem Leben? Doch, die gibt es ganz sicher. Wir sehen Sie nur oftmals gar nicht mehr. Weil wir uns geradezu dagegen wehren oder vielleicht immer alles hatten. Stelle dir vor, dass es keine Sonne mehr gibt, nichts mehr zu essen und zu trinken, keine Kleidung, keine Familie, keine Freunde, keine anderen Menschen, kein Dach über dem Kopf. Und, und, und! Denke an die Menschen, die dir zur Seite stehen oder gestanden haben, an die Dinge, die dir geblieben sind und die du gerne hast oder an all das, was du gerne machst. Schau aus dem Fenster. Scheint die Sonne? Vielleicht kommt ja der Frühling und bald kannst du wieder hinaus und sehr viele, wunderbare Sommerabende genießen. Regnet es? Wie froh können wir doch sein, dass die Natur genug Wasser schenkt und uns somit ausreichend Nahrung zur Verfügung stellt. Nein, verfalle nicht wieder in düstere Gedanken. Geh hinaus, schaue dir die Schönheit der Erde an oder hole dir deine Stifte hervor und male. Oder backe mal wieder was Leckeres. Zum Beispiel für die Nachbarn? Dann hast du dir selbst etwas Gutes getan und anderen auch eine Freude gemacht. Und wer weiß was hierdurch Positives an dich zurückkommt? Nochmals, nur weil du an die Vergangenheit denkst, kannst du sie nicht mehr ändern. Aber mittels deiner eigenen Gedanken kannst du nun – trotz allem – ein lebens-wertes Leben leben! Es liegt „ganz alleine" bei dir.

Kapitel 3

Was wir hätten anders machen können

Es gibt Situationen, welche wir ganz sicher hätten anders machen können in der Vergangenheit. Doch auch hier gilt – wir können die Uhr nicht zurückdrehen. Aber in diesem Fall können wir aus unseren Fehlern lernen und es beim nächsten Mal anders machen.

> *Am Ende wird*
> *alles gut – und*
> *wenn es noch*
> *nicht gut ist, ist*
> *es auch noch*
> *nicht das Ende!*

Glaube fest daran. Versuche es BITTE. Setze dich erneut aufrecht hin, atme tief ein und aus und sage:

Spürst du das gute Gefühl? Oder willst du unbedingt *bockig* bleiben und in deiner Traurigkeit oder Verzweiflung verharren? Der Welt mit aller Deutlichkeit zeigen, dass es dich am schlimmsten getroffen hat? Verfalle nicht gleich wieder in die alte Denkweise. Nimm dir zum Beispiel einen Zettel und schreibe das, was du soeben vor dich hingesprochen hast, auf. Zehn Mal, zwanzig Mal, dreißig Mal. So oft, bis es dich beruhigt hat. Diesen Zettel kannst du an dein Bett legen oder in deine Tasche und, wann immer es nötig ist, wieder hervorholen und erneut durchlesen. Ich weiß worüber ich schreibe. Ich weiß, was die

Kraft der Gedanken in uns
auslösen kann. In negativer als
auch positiver Hinsicht.

Kapitel 4

Beispiele

Wir haben *immer* die
Möglichkeit, alles von zwei
Seiten zu betrachten und uns
so oder so zu verhalten. In
diesem Fall bedeutet das,
so, dass es uns schlecht geht
oder so, dass es uns gut geht.
Du fühlst dich nicht wohl mit
der neuen Frisur? Und
wünschst dir, du hättest wieder
lange Haare? Du schaust zu
Boden und schämst dich. Du
erwiderst kaum den Guten-
Morgen-Gruß eines Kollegen.
Es geht dir schlecht, du bist
furchtbar traurig und zu guter
Letzt sind die Menschen um
dich herum nun auch noch
beleidigt, weil du so
unfreundlich zu ihnen warst.

Eventuell lästern die anderen nun auch noch über deine Haarpracht und dein Verhalten. Obwohl du nichts an der Frisur ändern kannst, kommt nun auch noch all der Ärger und der Frust mit den Kollegen dazu. Das war die eine Art, sich zu verhalten.

Nun nochmals von vorne.

Du fühlst dich nicht wohl mit der neuen Frisur, weißt aber, du kannst die Uhr nun nicht mehr zurückdrehen. Du gehst trotzdem aufrecht und grüßt den Kollegen am Morgen genauso freundlich, wie du es auch sonst immer machst. Vielleicht spricht man dich sogar auf die neue Haarpracht an. Du sagst:

„Mir gefällt es leider nicht. Aber daran kann ich nun auch nichts mehr ändern. Die Haare

wachsen ja wieder. Zum Glück muss ich mich nicht sehen, diesen Anblick müsst ihr nun eine Zeit lang ertragen"

Wahrscheinlich wird der Kollege amüsiert sein und großartig finden, wie du die ganze Sache siehst. Lustig machen wird sich wohl auch niemand auf der Arbeit und du kannst die nette, mitfühlende Art der Kollegen sogar genießen.

Oder

Dir ist dein Braten auseinandergefallen? Auch dies kannst du nicht mehr ändern. Kleben geht ja nicht. Nun kannst du dich ärgern, den Gästen dies auch mitteilen und der Braten bleibt dir und – aufgrund der negativen Stimmung – den Gästen wahrscheinlich auch im wahrsten Sinne des Wortes im Halse stecken. Alle Arbeit umsonst! Nicht nur das. Der Abend ist gelaufen und deine Gäste denken wie du, später nur ungern an diesen zurück. Wenn es ganz hart kommt, sagen deine Besucher beim nächsten Mal lieber gleich ab. Nun auch dieses Prozedere nochmals von vorne.

Du bringst den Braten mit folgenden Worten auf den Tisch:

„Sieht nicht so schön aus, aber ich habe den Braten voller Liebe auf die Platte geworfen und er ist so zart, dass ihr sicher kaum noch Arbeit mit dem Kauen habt"

Bestimmt wird man es schön finden, dass du selbst das

Ganze mit Humor nimmst und man wird „einfach" essen und dir höchst wahrscheinlich mitteilen, dass das Fleisch hervorragend schmeckt. Ihr werdet euch unterhalten und miteinander lachen. Einer deiner Gäste isst das letzte auseinandergefallene Stück Fleisch, und freut sich darüber. Wäre der Braten nicht auseinandergefallen, hätte er nichts mehr bekommen, da alle festen Scheiben schon weg gewesen wären. Es wird ein wundervoller Abend, an welchen sich deine Gäste und du selbst sich gerne zurückerinnern werden.

An wem lag es nun, dass die Stimmung trotz des Missgeschicks gut geblieben ist? An dir selbst. An deiner Art zu denken und mit diesem *kleinen „Pech"* umzugehen. Und du glaubst gar nicht, wie gut es deinen Gästen getan hat, dich so zu erleben. Sicherlich werden einige darüber nachdenken und es wird ihnen bewusst werden, wie oft sie selbst sich vollkommen umsonst aufregen. Somit wäre dieser Abend sogar ein kleiner Lehrgang für

POSITIVES DENKEN

gewesen. Wunderbar!

Kapitel 5

Humor

In so vielen Menschen steckt Humor. Doch weil wir ständig an das Negative denken, kommen wir gar nicht dazu, ihn herauszulassen. Glaube mir, ich habe sehr viel Leid in all den Jahren ertragen müssen und der Satz

„Sowas habe ich ja noch nie erlebt"

zog sich wie ein roter Faden durch mein Leben. Ich schreibe bewusst ZOG und nicht ZIEHT. Denn ich möchte, dass es nun anders ist und es ist anders! Viele, viele Jahre wurde ich als Pech-Marie bezeichnet. Ich zog mir - aufgrund der vielen schlimmen

Geschehnisse - diesen Schuh auch an. Und es wurde immer schlimmer und schlimmer. Was mir Schlechtes widerfahren konnte, widerfuhr mir auch. Und somit auch meinen Liebsten! Und alle, welche mir mitteilten, dass doch jeder mal Pech haben könne, blitzten ab. Pfff, die hatten doch keine Ahnung. Denen ging es doch gut. Stimmt! Ging es ihnen auch. Aber ich sage dir auch warum. Weil sie nicht ständig negativ dachten und mit Gleichmut an vieles herangingen. Weil sie ja gar nicht in den Sog von negativen Gedanken gezogen worden waren und sich somit auch nichts oder nur wenig Negatives ereignete. Statt über manches zu lachen oder – wenn ich eigentlich schöne Stunden hätte erleben können – diese unbeschwerte Zeit einfach nur zu genießen, dachte auch ich früher permanent nur darüber nach, was mir *erneut* widerfahren war, teilte dies auch lautstark und traurig oder zornig meinen Mitmenschen mit und verdarb ihnen und mir selbst den Abend. Wie viele verlorene Jahre! Ohne Humor, ohne meiner Selbst, so wie ich eigentlich bin. Ohne mein Talent, andere zum Lachen zu bringen, dankbar genutzt zu haben. Nein, ich denke gerade nicht traurig oder wütend zurück. Das würde mich nur runterziehen. Ich kann all das ja nicht mehr ändern. Ich möchte dir nur aufzeigen, womit man sich selbst das Leben schwer machen kann, wenn man den schlechten Weg des Denkens geht.

Kapitel 6

Selbst-Prophezeiung

Ich glaube inzwischen zu hundert Prozent an die Macht der Gedanken, denn ich habe beide Seiten erlebt. Je mehr ich negativ dachte, wie zum

Beispiel:

- Das geht sowieso wieder schief

- Das musste mir ja wieder passieren

- War ja klar, dass ich wieder so was erlebe

geschah mir auch Negatives. Man nennt so etwas auch Selbst-Prophezeiung.

Irgendwann – ich weiß bis heute nicht warum das so war – traf es mich wie ein Blitz und ich sagte mir

Ich darf, ich möchte nicht mehr negativ denken!

Vielleicht wollte ich auch einfach nicht mehr meinen Freunden immerzu etwas vorjammern, wurde mir doch ENDLICH bewusst, dass sie sich zurückzogen. Ich bin ein Mensch voller Warmherzigkeit und Güte. Doch ich war nur noch ein Mensch voller Zorn und Trauer in sich, welcher ausschließlich noch die Ungerechtigkeiten auf dieser Welt sah und all sein geballtes Unglück! Ich habe tatsächlich Anwälte und Richter erlebt, welche Unrecht sprachen, obwohl Beweise vorlagen, mich über den Tisch gezogen und

meine Liebsten und mich
ruiniert haben! Ich habe
schlimme Krankheiten hinter
mir und extrem viel Trauriges
erlebt. Aber – ich glaube fest
daran, dass ganze Unglück, all
mein Leid, die
Ungerechtigkeiten und diese
bösartigen, niederträchtigen
Menschen um mich herum
selbst in mein Leben gezogen
zu haben. Durch mein Denken!
Nachdem ich dies endlich
abgestellt hatte und stattdessen
immer dachte:

*Es wird alles gut, es ist alles gut,
ich bekomme alles was ich mir
wünsche*

ging es mir auch sehr schnell
bedeutend besser. Schritt für
Schritt erlebte ich, was meine
Gedanken auszulösen imstande
gewesen waren. Die Freunde
verbrachten ihre Zeit wieder

gerne mit mir, mehr als je zuvor. Ich tat ihnen gut. Weil ich so viel positive Energie und Lebensfreude ausstrahlte. Nun war es umgekehrt! Ich wurde immer wieder gefragt, wie ich noch so positiv denken könne, bei all dem was ich erlebt hatte und erdulden musste. Und meine Mitmenschen sagten mir, dass ich sie immer aufbauen würde und die Gespräche mit mir sich so wahnsinnig positiv auf sie auswirken würden. Schließlich fragte mich eine Freundin ob ich das Buch *The Secret* gelesen hätte. Sie wäre fest davon überzeugt, so wie ich leben und denken würde. Nein, ich kannte dieses Buch nicht. Hatte noch nie davon gehört. Sie war fassungslos und schenkte mir kurze Zeit später dieses Werk. Sie hatte ihrer Mutter zuvor von mir erzählt. Von meiner Art zu denken, zu leben und anderen beiseite zu stehen. Und, dass ich auch ihr so sehr geholfen hätte. Erst die Mutter sprach sie dann auf dieses Buch an und meinte, sie solle mich doch mal fragen, ob ich danach lebte. Und ich war, als ich die Zeilen nur so verschlang, selbst sehr, sehr überrascht. Dieses Buch beschrieb tatsächlich, was ich inzwischen schon die ganze Zeit praktizierte. Es geht in dem Buch um die Kraft des Denkens, darum, dass uns allen das zuteil wird, was wir uns wünschen. Das kann aber auch das Negative sein. Wenn ich mir wünsche, dass es morgen nicht regnen soll, bedeutet dies tatsächlich, es soll regnen. Weil ich an den Regen denke. Wünsche ich mir jedoch Sonne, dann wird die Sonne scheinen. Ich möchte keinen Streit, zieht genau diesen an. Ich möchte Frieden, bringt genau diesen zu mir. Man hat Mutter Theresa einmal darum gebeten, auf einer Demonstration gegen Krieg mitzumarschieren. Doch sie verneinte und antwortete stattdessen:

„Wenn ihr mich einmal fragt, ob ich euch bei einer Friedensbewegung begleite, dann mache ich das gerne. Aber bei einer Anti-Kriegs-Demo laufe ich nicht mit"

In dem Buch The Secret von Rhonda Byrne werden Namen wie Einstein, Platon, Shakespeare, Newton, Hugo, Beethoven, Lincoln, Emerson und Edison aufgeführt, welche, laut Ihrer Aussage, allesamt an die Macht der Gedanken glaubten und danach lebten. Und es waren alles bekannte, erfolgreiche Größen. Ich selbst bin noch lange nicht perfekt, was diese Art des Denkens betrifft, aber es wird jeden Tag besser. Verfalle ich schon mal in alte Muster, bekomme ich dies auch gleich wieder zu spüren. Ich fange mich jedoch inzwischen sehr schnell wieder und schalte dann schnellstmöglich wieder um. Ich bin ein Mensch mit viel Phantasie, jedoch ohne Hirngespinste, das kannst du mir wirklich glauben. Aber ich kann dir nur absolut raten, positiv zu denken. Genauso, wie ich dir das Buch The Secret ans Herz legen möchte.

Kapitel 7

Lachen oder weinen?

Im Grunde stellt sich die Frage doch überhaupt nicht, oder? Wer weint schon gerne? Du sicherlich auch nicht! Also – du hast die Wahl. Das Glas ist halb voll oder halb leer? Du kannst alles meist von zwei Seiten sehen. Und es liegt an dir, ob du es positiv oder negativ sehen möchtest.

Lieber Lachfalten als Tränensäcke?

Selbstverständlich!

Kennst du diesen niedlichen Spruch?

„Scheiße“
„Du musst positiv denken“
„Schöne Scheiße“

Wenn du dabei lachen kannst, nutze ihn ruhig jedes Mal für dich selbst, wenn etwas (wie du meinst) *Scheiße* ist.

Oder

Wenn du dich über jemanden aufregst (mit der Zeit wird das viel seltener passieren), denke statt A…loch einfach Analhohlraum.

Dieses Wort habe ich einmal selbst erfunden. Ich spreche es manchmal sogar aus. Alleine das verwirrte Gesicht meines Gegenübers bringt meist ihn als auch mich zum Lachen und nimmt die Härte der Aussage! Klar gemacht habe ich dennoch etwas.

Was gefällt dir am besten?
Denke doch einfach *ALLES*!
Rege dich nicht über Kleinigkeiten auf. Schon gar nicht über diese, welche du sowieso nicht ändern kannst. Erfreue dich an deinem Glück und sieh dies auch! Das Schlimmste was du machen kannst, ist, sich am Unglück anderer zu erfreuen. Glaube mir, solche Gedanken bringen dir das Unglück selbst!
Ärger dich nicht über negative Kleinigkeiten, sondern erfreue dich an positiven Kleinigkeiten. Nimm alle Chancen wahr, statt vor lauter Ärger, Angst oder Frust, diese gar nicht mehr zu sehen.

Positiv gedacht ist halb vollbracht!!!

Kapitel 8

Des eigenen Glückes Schmied

Ich habe diesen Spruch immer falsch ausgelegt. Und bin geradezu wütend geworden, wenn mir jemand diese Worte an den Knopf *knallte*. So empfand ich es zumindest. Durch mein Unverständnis nahm ich es so hart auf. Ich konnte doch nichts für all mein Unglück, all mein Pech! Wie gemein! Sowas konnten auch nur die Menschen von sich geben, die selbst immer Glück hatten!
Heute erst verstehe ich diesen Spruch. Jaaaa, ich bin meines eigenen Glückes Schmied – schon immer gewesen. Ich hatte immer die Möglichkeit das Gute zu sehen, doch ich

„wollte" das Schlechte sehen. Ich hätte mich immer schon in die Freuden des Lebens stürzen können, doch ich suhlte mich im Unglück!
Ich war traurig über meine angeblich zu dicke Nase oder meine Stippefutt. Heute wäre ich froh über mein „gelungenes" Aussehen von damals. Nun könnte ich wieder jammern, dass ich nicht mehr so aussehe wie früher und die Chancen, welche ich aufgrund dessen damals hätte wahrnehmen können, nicht genutzt habe. Aber was würde mir das nun bringen? Wieder nur Kummer und Ärger. Also erfreue ich mich lieber daran, dass ich einmal so ausgesehen habe und der liebe Gott (oder wer auch immer) mir immer noch, trotz meines Alters viele schöne Attribute mitgegeben hat. Ich kann nun über eine andere Frau denken:

Diese Frau sieht noch viel schöner aus als ich.

Ich kann aber auch denken:

Was habe ich doch für ein Glück, dass ich noch nicht so faltig bin wie manch andere „arme" Frau und recht manierlich aussehe.

Und was glaubst du, dass ich denke?

Richtig!

Selbstverständlich denke ich positiv!

Ich bin des eigenen Glückes Schmied will im Grunde nur aussagen, dass es *immer* an uns liegt, wie wir mit der jeweiligen Situation umgehen. Und wenn wir es wirklich wollen, können wir an und in fast allem das

Positive sehen. Versuch es
doch einfach!

Kapitel 9

Negtiv-Worte

Aber wenn nun das und das
geschieht…

Bestimmt funktioniert das
wieder nicht…

Ich bekomme sicher wieder
keinen Parkplatz…

Bei meinem Glück (ironisch
gemeint)…

War ja klar, dass ich wieder
Pech habe…

Kennst du das?

Es wird schon gut gehen…

Das wird sicher
funktionieren…

Ich mache mir keine Gedanken
um einen Parkplatz…

Es wird gelingen…

Ich glaube an mein Glück…

Was hört sich besser an? Was stimmt einen zuversichtlich? Letzteres nicht wahr?

„Ja, bei mir klappt das aber nie…"

Hast du das gerade gedacht? Ich gebe dir recht. Bei dir klappt das nicht und das wird auch so bleiben. Was du aussendest, ziehst du nämlich auch an.

Du kannst jetzt sagen:

„Alles Humbug, das gibt eh keinen, ob ich nun so oder so denke"

oder du sagst:

„Einen Versuch ist es wert! Was

kann schiefgehen? Ich *versuche es einfach mal"*

Genau, es kann nichts passieren und Daumen hoch für dein *Ich versuche es einfach mal!*

Kapitel 10

Klare Wünsche und Aussagen

Wenn du dir etwas wünschst, dann bitte nicht schwammig. Sage oder denke nicht

„Ich wünsche mir viel Geld"

Sage oder denke zum Beispiel:

„Ich wünsche mir, in diesem Monat dreihundert Euro zu erhalten, damit es mir gut geht"

Um Rechnungen zahlen zu können, denke bitte auch nicht, denn damit ziehst du noch mehr Rechnungen an.
Denke nicht

„Bald lerne ich mal nicht die Falsche oder den Falschen

kennen"

Sondern denke

„In diesem Monat lerne ich eine Frau/einen Mann kennen, die/der absolut zu mir passt"

Verstehst du? Wünsche dir immer nur das Positive und formuliere es auch genauso.

Kapitel 11

Geduld

Bitte habe Geduld! Solch ein drastisches Umdenken erfordert Zeit! So etwas muss man wirklich lernen. Und sich selbst immer wieder ermahnen. Sehr hilfreich ist das Niederschreiben unserer positiven „neuen" Gedanken. Und kehre diese bitte nicht gleich wieder ins Negative um.

Beispiele:

Ich werde heute kein Geld verlieren – falsch!

Ich behalte heute all mein Geld – richtig!

Ich hoffe, heute Glück zu haben – falsch!

Ich habe heute Glück – richtig!

Hoffentlich treffe ich heute nicht wieder auf solch einen unangenehmen Menschen – falsch!

Ich treffe heute nur auf nette Menschen – richtig!

Heute soll es mir nicht schlecht gehen – falsch!

Heute wird es mir gut gehen – richtig!

Usw., usw.!

Ich denke ja lange schon selbst so positiv, aber auch ich habe Tage oder Stunden, an denen ich von diesem Weg abkomme. Zum Beispiel, weil mich etwas sehr, sehr traurig gemacht oder mir den Boden unter den

Füssen weggerissen hat. Früher habe ich dann oft stundenlang geweint und nur noch darüber nachgedacht. Heute gestatte ich mir durchaus auch meine Tränen. Doch nicht so anhaltend. Ich versuche mich schnell wieder aufzurichten und an Positives zu denken. Und es gelingt mir auch meist recht schnell. Manchmal müssen unsere Gefühle einfach raus, sonst würden sie uns ja im Halse und im Herzen steckenbleiben. Aber es liegt an uns, ob wir diese negativen Gefühle wieder bis zur Erschöpfung zulassen oder vorher die Reißleine ziehen. Und wir können Hilfe suchen. Indem wir uns jemand anvertrauen, indem wir um Hilfe bitten, indem wir einfach rausgehen um uns abzulenken oder uns mit etwas Schönem beschäftigen. Vielleicht auch mit Neuem. Du wolltest schon immer mal malen? Nein, bitte, sage nicht gleich wieder:

„Aber ich kann es ja leider nicht"

Erstens musst du keine Kunstwerke zu Papier bringen, zweitens weißt du doch noch gar nicht, was du kannst und was nicht. Und im Übrigen sind Geschmäcker verschieden. Ich selbst habe eine Bekannte, welche mit dem Malen in einer Klinik begonnen hat. Als Therapie.

„Aber ich kann das doch gar nicht", kam damals sofort aus ihrem Munde.

„Egal, malen sie einfach was ihnen einfällt. Mit Kreide oder Ölfarben, nehmen sie sich eine Vorlage hinzu oder malen sie frei Schnauze. Es ist egal, was

daraus wird. Versuchen sie es einfach. Und wenn es nur Pinselstriche werden. Vielleicht tut ihnen malen einfach gut", riet ihr die Therapeutin.

Und meine Freundin fing an. Zu Beginn sehr zögerlich, zunächst noch etwas ungeschickt und vor allem voller Selbstzweifel. Weißt du, womit die Dame heute ihr Geld verdient? Richtig! Mit Ihren selbstgemalten Bildern, welche schon mehrmals ausgestellt wurden! Sie liebt das Malen und diese BE-RUFUNG hat sie zu einem ganz anderen, einen wirklich glücklichen Menschen gemacht. Ihre vielen ABER und WENN und FALLS zuvor hätten sie nicht weitergebracht, sie in ihrem Elend weiterhin feststecken lassen. ZUM GLÜCK hat sie Neues zugelassen! Und du kannst das auch! Erinnerst du dich?

*Du bist deines EIGENEN
GLÜCKES SCHMIED!*

Kapitel 12

Wohin du auch gehst, geh mit deinem ganzen Herzen

Diese Worte von Konfuzius habe ich mir inzwischen noch viel mehr zu Herzen genommen, als ich es im Grunde schon mein Leben lang getan habe. Damals habe ich es nur bei Dingen getan, welche ich wirklich liebte. Heute befolge ich diesen Ratschlag jedoch immer. Sie glauben gar nicht, wie sehr mir das hilft! Positiv an alles heranzugehen, gibt uns eine unglaubliche Kraft!
Wenn wir etwas machen müssen, wovor wir Angst haben oder es einfach nur schrecklich finden, gehen wir oftmals gebeugt mit dem Kopf nach

unten. Das hat zum einen Auswirkungen auf unsere Gesundheit, da Rücken- und Nackenschmerzen nicht lange auf sich warten lassen, wenn wir oft so gehen oder es sogar schon zu unserer Grund-Haltung geworden ist. Zum anderen schlägt es uns ganz klar auf unsere Psyche. Und nicht zuletzt senden wir, zum Beispiel unseren Vorgesetzten gegenüber, ganz klar aus:
Du bist der Herr, ich untergebe mich dir!
Oder man mag uns gar nicht erst ansprechen, da wir übel gelaunt scheinen. Gehen wir jedoch gestrafft und sicher dem entgegen was da auf uns zukommt, lächeln wir dabei sogar auch noch, kann uns so schnell nichts umwerfen. „Ein Kerl wie ein Baum" hat nicht nur die Bedeutung, dass er groß und stämmig ist, sondern auch, dass ihn nichts und

niemand einfach umwerfen oder „aus der Bahn" werfen kann. Du kannst auch eine Frau wie ein Baum sein □! Versuche auch dies einfach mal! Du wirst spüren, wie anders sich alles anfühlt, wie stark es dich macht. Bleibe nicht bei den negativen Gefühlen, sondern versuche das Gute zu sehen. Doch, das gibt es. Zum Beispiel kannst du jetzt gerade denken,

Heute ist der Tag, an dem alles anders, alles besser wird. Weil ich mich anders verhalte. Und das strahle ich nun auch aus. Ich gehe ab jetzt ganz anders auf alles und alle zu. Ab heute gehe ich

MIT MEINEM GANZEN HERZEN!

Kapitel 13

Gute, beruhigende Gefühle statt Zorn

Bitte verwechsel nun Selbstbewusstsein nicht mit Gefühlsausbrüchen, indem du zum Beispiel deinem Chef ins Gesicht brüllst, dass er dich mal… und dir nichts mehr von ihm gefallen lässt. Darum geht es nicht. Es geht einfach um ein starkes, sicheres Auftreten, um Grenzen setzen. Aber bitte bedenke, dass dein Gegenüber dich noch ganz anders kennt und auch er sich nun erst einmal an diesen „neuen" Menschen gewöhnen muss. Auch du selbst kannst ja gar nicht von heute auf morgen ein anderer Mensch werden. Du sollst auch kein bösartiger

Mensch werden, sondern einfach glücklicher, was nun einmal auch ein „gesundes" Selbstbewusstsein voraussetzt. Eine wunderbare Übung ist die Folgende:

Beobachte dich. Sitzt du gerade gebeugt und traurig da? Setze dich aufrecht hin, straffe deine Schultern UND lächle. Versuche es! Spürst du den Unterschied? Ich bin mir sicher, dass es so ist. Fühlst du dich sofort besser? Auch da bin ich mir sicher. Nun kannst du gleich wieder sagen oder denken:

„Alles Unsinn, draußen funktioniert das nicht"

Aber – dann bist du selbst der Auslöser dafür, weil du gar nicht willst. Möchtest du wirklich in deinem Elend stecken bleiben? Das ist nun

EINZIG UND ALLEINE
deine Entscheidung! Ich kann dich nur immer wieder auffordern, den Schritt zu wagen in ein neues, ein viel schöneres Leben. Versuche es. Immer und immer wieder. Jeden Tag ein wenig mehr. Und dann wirst du spüren, wie sehr es dir hilft. Dass es dich und dein Leben Stück für Stück **POSITIV** verändert.

Du musst es nur zulassen!

Kapitel 14

Achte dich selbst

Wenn du jammerst und unglücklich bist über dein Leben, behandelst du dich und das Leben selbst sehr schlecht. Du erwartest Respekt von anderen? Aber respektierst dich selbst nicht? Respektierst du deine *eigene* Meinung oder versuchst du *wie andere* zu sein oder hast du Angst davor *deine Meinung* kund zu tun? Dann solltest du nun ernsthaft damit beginnen, dies zu ändern und darüber nachzudenken, warum das so ist. Hat man dir in der Kindheit oder in der Schule den Mund verboten? Dir eingetrichtert, dass man lieber ruhig sein und mit dem Strom schwimmen soll? Das kenne auch ich zu Genüge. Doch heute verurteile ich meine Eltern nicht mehr dafür. Früher habe ich das stets getan. Und sie und mich damit nur unglücklich gemacht. Es sind viele Dinge in meinem Leben falsch gelaufen und meine Eltern haben Dinge getan und Worte ausgesprochen, welche Vater und Mutter niemals tun und niemals sagen sollten. Doch auch sie wurden so erzogen. Gerade wir Deutschen sind ein Volk geworden, bei welchem duckmäuserisches Verhalten normal zu sein scheint. Dies hat nun einmal LEIDER mit unserer deutschen Geschichte zu tun, von der bis heute die wenigsten ablassen können. Nein, wir dürfen das Ganze nicht vergessen. Aber wir dürfen durchaus endlich mal die Schuldgefühle beiseiteschieben – zumal die meisten von uns gar nichts für das Geschehene können und diese, welche nichts dagegen unternommen haben, zum größten Teil nur aus Todes-Angst mitgelaufen sind. Verurteilen ist sehr, sehr einfach. Es selbst erlebt zu haben, ist etwas ganz anderes. Wie schön wäre es jedoch, endlich einmal loszulassen und in der Gegenwart zu leben. Es gab viele, viele andere Nationen, welche nicht minder grausam gehandelt haben. Doch tischt man es ihnen immer und immer wieder auf? Nein! Dafür sorgt unser Staat selbst aber im erheblichen Maße. Auf der einen Seite möchte man jedem helfen, so gut es geht, vergisst dabei aber sein eigenes Volk! Auch hier gilt für mich – jemanden loben statt bestrafen bringt immer mehr. Und unsere Regierung schürt den Ausländerhass, indem sie die Deutschen so

ungerecht behandelt, anstatt
anständig und gerecht mit allen
Menschen umzugehen. Würde
dies geschehen, müssten wir
uns wohl kaum über diese
gewaltige Fremdenfeindlichkeit
Gedanken machen, sondern
könnten friedfertig miteinander
leben. Der Fisch stinkt vom
Kopf her, nicht wahr? Lieben
Dank auch liebe??? Regierung!
Ich möchte hier gar nicht
weiter ausholen, denn erstens
soll dies ja kein politisches
Buch werden und zweitens
möchte ich ja nicht denken:

*Wir sollen nicht im Krieg
miteinander leben.*

Sondern

*Wir sollen alle im Frieden
miteinander leben.*

Ich denke nicht:

Ich möchte nicht mit Verbrechern zusammenleben müssen.

Sondern ich denke:

Ich möchte nur mit friedfertigen Menschen leben dürfen.

Ich sehe sehr wohl, was in diesem Land falsch läuft und gehöre absolut nicht zu den Gut-Menschen, welche nun sogar ernsthaft der Regierung Glauben schenken, dass die Kriminalität in Deutschland in den letzten Jahren sehr zurückgegangen sei und gar nicht merken, dass man uns nur ruhigstellen will. Aber ich rege mich nicht mehr - wie früher - darüber auf. Ich mache, was ich machen kann um in Frieden mit allen Menschen leben zu können, gebe mich jedoch dabei nicht mehr auf und tue meine

Meinung kund. Jedoch auf ganz sachliche und ruhige Art, weil ich weiß, dass alles gut wird für mich. Ich wünsche mir Frieden und weiß, ich werde in Frieden leben können. Und dieses Gefühl ist einfach nur wunderbar! Ich benötige keinen Alkohol oder andere Drogen, um glücklich sein und dem Alltag entfliehen zu können. Das macht alles ja nur noch schlimmer. Ich möchte dem Alltag doch auch gar nicht mehr entfliehen. Denn jeder Tag bringt so viel Gutes mit sich. Und ich sehe all diese Dinge und Geschehnisse! Und erfreue mich daran! Ich lebe nicht zornig mit all dem Negativen sondern glücklich mit all dem Positiven in meinem Leben! Und das macht mich zu einem glücklichen Menschen!

Kapitel 15

Lieber Lachfältchen als Tränensäcke

Ich könnte aus diesem Buch sicherlich ein Tausend-Seiten-Buch machen. Aber das möchte ich gar nicht. Du sollst ja schnellstmöglich mit deinem „neuen Leben" beginnen können.

Daher möchte ich dir nur die Basis-Punkte noch einmal aufzählen:

- *Sei nett zu dir selbst*
- *Sei freundlich anderen gegenüber*
- *Sei dennoch bestimmt in deinen Aussagen und deinem Tun*
- *Gehe aufrecht*
- *Lächle, wann immer es geht*

- *Denke an das Gute und nicht an das Schlechte*
- *Denke immer positiv*
- *Wünsch dir alles mit positiven Worten*
- *Glaube fest an die Erfüllung deiner Wünsche*
- *Sei dankbar dafür und sage dir: „Schon jetzt in diesem Augenblick wurde mir mein Wunsch erfüllt"*
- *Sprich deine Wünsche KLAR und DEFINIERT aus*

Und ganz wichtig!

- *Nutze das Passwort für's Leben – **HUMOR!***

*Lebe das Leben
beständig –
du bist länger tot als
lebendig!*

In diesem Sinne wünsche ich
dir das ganze Glück der Welt!

Elke Billstein

Impressum

Elke Billstein

**c/o COCENTER
Koppoldstr. 1
86551 Aichach**

elke-billstein-buchprojekte@web.de

elke-billstein.de

elke-billstein-buchprojekte.com

Urheberrecht